Stefan Pölt

Außer Späßen
nichts gewesen

Gedichte
rein zum Vergnügen

Bibliografische Information der Deutschen Nationalbibliothek: Die Deutsche Nationalbibliothek verzeichnet diese Publikation in der Deutschen Nationalbibliografie; detaillierte bibliografische Daten sind im Internet über www.dnb.de abrufbar

Herstellung und Verlag:
BoD – Books on Demand, Norderstedt

ISBN: 978-3-7481-5828-8

Über den Autor

Der Lebenskünstler nennt mich spießig,
der Spießer einen Störenfried.
Das Kleinkind meint, ich wäre riesig,
Nowitzki nicht – selbst wenn er kniet.

Für Preußen bin ich bajuwarisch,
für Bayern a vapreissda Hund.
Auf Teenies wirk ich antiquarisch,
auf Greise wie ein junger Spund.

Strategen bin ich zu penibel,
Beamten manchmal ungenau,
dem Egoisten zu sensibel,
gefühllos scheine ich der Frau.

Für Korpulente bin ich mager,
für Hungerhaken ziemlich dick.
Ich bin auch modisch, doch Karl Lager-
feld hält mich sicher nicht für chic.

Den einen bin ich Außenseiter,
für andre wieder mittendrin.
Ich mache einfach fröhlich weiter.
Wie gut, dass ich so viele bin!

Inhaltsverzeichnis

Historische Momente

Besetzt

Rubens schäumt: Ich zähl bis drei –
weg von meiner Staffelei!
Rembrandt, das ist meine Leinwand!
Hör mir auf mit deinem Einwand,

dass sie herrenlos herumstand,
denn das liegt nur an dem Umstand,
dass ich kurz mal mit Sieglinde –
na, du weißt schon... – jetzt verschwinde!

Peter Paul, auch wenn du plärrst:
Wer zuerst kommt, malt zuerst!

Lutheraturgeschichtliche Begegnung

»Hallo Martin, Gott zum Gruße!
Tust du vor der Kirche Buße?«
»Grüß dich, Johann! Quatsch, mit Thesen
gegen Schmu im Ablasswesen
werde ich sie reformieren –
das steht hier in den Papieren!

Wenn ich jetzt, ist nur 'n Vorschlag,
meine Thesen hier ans Tor schlag,
meinst du nicht, es würden heute...«
»Martin!« »Ja?« »Denk an die Leute!
Kennst doch unsre Wittenberger...
an der Kirche – das gibt Ärger!«

»Aber etwas muss sich wandeln,
Johann! Schau, mit Ablass handeln
macht die Kirche käuflich...« »Eben!
Irgend wovon muss man leben!
Du mit deiner Demutshaltung
förderst nur die Kirchenspaltung.«

»Nein, ich halt mich nur penibel
an das Wort der Lutherbibel
und es ist doch klar, es fehlen
dieser Welt die Evangelen!
Fromme Christen, Widerständler –
und nicht solche Ablasshändler

wie du selber, Johann Tetzel!«
»Martin, das gibt nur Gemetzel.
Protestanten, Katholiken –
Frieden kannste dann wohl knicken.
und so dienen deine Pläne
kaum dem Ziel der Ökumene.«

»Ach, mir dünkt, wir beiden Männer
kommen nicht auf einen Nenner.
Doch kein Anlass zu Gejammer.
Könntest Du mir mal den Hammer
und die Nägel rüberholen?
Danke, Johann!« »Gott befohlen!«

Lichtblick

Kunibert, in Ketten, kauert
tief im Kerker und bedauert,
dass er einst des Königs Tante
»fette Henriette« nannte.

Lange hofft er auf ein Wunder,
dass ihn wer befreie und er
nicht in einer dunklen Ecke
seines Zellenlochs verrecke.

Und dann wird er doch tatsächlich
noch begnadigt und kommt schwächlich,
knochig und mit weißen Haaren,
raus nach sechsunddreißig Jahren.

Was die These untermauert,
dass so 'n echtes Wunder dauert.

Der auf der Jagd war

Häuptling ›Letzter Mohikana‹
nennt sein Vierbein ›Crazy Horse‹
und die Squaw in Law ›Nirwana‹ –
Ausdruck seltsamen Humors.

Eines Tages nimmt er Ziehsohn
›Kleiner Feigling‹ mit zur Jagd,
der sich – groß ist so ein Bison –
kaum aus seiner Deckung wagt.

Grund genug für einen Rüffel:
»Werde endlich Mann, K.F.
und erlege einen Büffel,
anders bringst du's nie zum Chef!«

Beide rennen wie die Irren
auf die Herde zu, der schnell
Pfeile um die Ohren sirren,
aber keiner sirrt ins Fell.

Später jagen sie Kojoten,
dann Kaninchen und zum Lohn
baumelt eine von den Pfoten
vorn am Lendenschurz vom Sohn.

Auf dem Rückweg kurz vorm Tipi
ruft der Kurze laut zum Gruß:
»Kleiner Feigling ist jetzt, Yippie-
Yeah, der Krieger ›Hasenfuß‹!«

Der Froschkönig – was wirklich geschah!

An einem beschaulichen Sommertag saß
ein Mädchen im Garten, da quakt's aus dem Gras:
»Ich bitte dich, küss mich! Ich bin von der bösen
Fee Mala verwunschen – du musst mich erlösen!

Dann heiraten wir und du wirst auch – versprochen! –
Prinzessin und darfst mich dann immer bekochen.
Du führst mir den Haushalt, wirst Kinder gebären,
dich kümmern, sie großziehn und sorgsam ernähren.

So führen wir beide ein glückliches Leben.
Komm küss mich, was kann es denn Schöneres geben?«
Sie lächelte leise, dann lag in der Luft
ein lieblicher Froschschenkel-Weinsoßen Duft.

Dichter und Denker

An die große Glocke gehängt

Schrieb Herr Schiller einst die Glocke,
ein Gedicht aus einem Guss,
denkt der Schüler heut: Ich hocke
hier vor diesem alten Stuss.

Der Versuch der Analyse
eines Werks aus grauer Zeit
ist ganz klassisch für die Füße
und dem Untergang geweiht.

Welchen Stil und welche Mittel
setzte hier der Autor ein?
Stil veraltet! Und drei Drittel
von dem Inhalt sind zum Schrei'n!

Viel zu lang und schwer zu fassen,
so des Schülers Randvermerk.
Wehe, wenn sie losgelassen
auf ein altes Meisterwerk!

Therapieresistent

Als Erster erhebt sich der biedere Peter
und trägt seinen neuesten Zweizeiler vor.
Die Stimme klingt etwas nach Handelsvertreter –
Beachtung erfordernd und dennoch sonor:

»Was haben im Dichterhirn Zellen gemeinsam?«
Es folgt eine kunstvolle, kleine Zäsur.
»Stirbt eine davon, ist die andere einsam!«
Er schaut in die Runde, doch diese bleibt stur.

Kein Lachen, kein Grinsen, nur eisiges Schweigen,
die Stimmung im Saal bleibt verschlossen und kühl,
als hätte er eben nur Todesanzeigen
verlesen, für Peter ein blödes Gefühl.

Als Nächster steht Ernst auf, ein schüchterner Kleiner,
mit einem Gedicht über Anglerlatein
und mittendrin grummelt der grimmige Heiner:
»Was soll denn so witzig an ›Walsieger‹ sein?«

Ein jeder kommt dran und so geht es noch weiter,
die Rolle des Lesenden wechselt reihum.
Die Werke der Dichter sind größtenteils heiter,
das Publikum aber bleibt gnadenlos stumm.

Am Ende löscht einer der Truppe die Lichter,
am Boden liegt einsam ein Zettel mit Reim.
Die Selbsthilfegruppe ›Humorlose Dichter
von lustigen Werken‹ geht stillschweigend heim.

Auf Musekurs

Besuche mich, Muse, im Liebesquartier,
gedichterloh brennt mein Verlangen nach dir.
Ich möchte dich tinten, von vorne bis hinten!
Entblöße dich hier auf dem Büttenpapier.

Ich fühle mich ohne dich völlig erschlafft,
nur du gibst mir diese pulsierende Kraft
und bringst mich zum Blühen, zum Glühen und Sprühen,
entlockst meinem Federkiel lyrischen Saft.

Erleuchte mich, Muse, und spar nicht mit Lux!
Verstärke das Glitzern des Edelsteinschmucks
zu herrlichem Funkeln, denn Götter im Dunkeln
und Dämmerung sind schon seit Wagner kein Jux.

Versorge mich, Muse, mit Inspiration,
in Bälde besteig ich den lyrischen Thron.
Wieso musst du gehen? Jetzt, bleib doch mal stehen
und mach dich nicht einfach so auf und davon!

Der mit dem Wal sang

Hans-Walther, Poet, vom Gedanken besessen,
sich einmal gesanglich mit Walen zu messen,
befasst sich, wie später die Kinder berichten,
drei Jahre mit passenden Wassergedichten.

Dann geht er auf Tauchgang, die Reime auf Zettel,
und fordert 'ne Schwertwalfamilie zum Battle.
Doch sind für die Orcas die ›Ode vom Surfer‹
und ›Meeresgeräusche‹ nur Böhmische Dörfer.

Ein blitzschneller Schnapper vom Boss der Kolosse –
vom Dichter bleibt neben dem Ruhm nur 'ne Flosse.

Wie schreibe ich ein Gedicht?

›Pass auf!‹ am Anfang des Gedichtes
zieht automatisch in den Bann,
und zwar noch mehr, als es ein schlichtes
›Der Mond ist aufgegangen‹ kann.

Mit unverhofften Anglizismen
in Form von unverbrauchtem Reim
und eingestreuten Aphorismen
weckt man die Neugier just in time.

Das Ende bleibt am besten offen,
so wird die Spannung fast zur Qual
und lässt den Leser weiter hoffen.
Wie man das macht? Beim nächsten Mal...

Der Dichter und sein Banker

Ein reicher Banker hat den Frauen
zwar was zu bieten, doch durchschauen
sie bei der ersten Unterhaltung
die seelische Gefühlserkaltung.

Der Dichter ist zwar weitaus ärmer,
doch wird es jeder Frau gleich wärmer,
zitiert er ihr aus seinen Stücken –
dann liegt sie fast schon auf dem Rücken.

Soweit die Theorie, hingegen
sind meist die Dichter unterlegen.
Noch während sie an Versen schmieden,
hat sie sich für die Bank entschieden.

So ziemlich alles

Und die Liebe und das Leben
und die Laune und die Lust
und das Nehmen und das Geben
und die Freude und den Frust

und die Freiheit und den Panther
und des Frühlings blaues Band
und den Birnbaum, letztgenannter
aber nur im Havelland,

auch die Hoffnung und das Bangen
und die Liebe - war schon dran? -
dann halt Sehnsucht und Verlangen
und den Hund von nebenan,

neben diesen Herz und Treue,
Freundschaft, Götter, Ehre, Schwur,
auch die Liebe - ja, aufs Neue! -
und die Schönheit der Natur,

außerdem auch noch Dämonen,
das Verbrechen und den Hass,
Krankheit, Kriege und Kanonen,
Tod und Teufel - sonst noch was?

Ja, die Liebe (wie berichtet),
das Bewahren und den Brauch
haben Meister schon bedichtet -
kaum zu glauben! Ich jetzt auch!

Noch mal von vorn

Ein Dichter saß am Tisch und las
von Lyrikwettbewerben.
Er rief: »Das wär's, mit einem Vers
die Großen zu beerben!«

Das Motto war in diesem Jahr:
Was bringt die Welt zum Schreiben?
Welch Wesenszug ist stark genug,
zum Dichten anzutreiben?

Doch muss das Werk, so ein Vermerk,
allein vom Autor stammen.
»So ein Poem ist kein Problem,
ich reim mir was zusammen...«

So dachte er, doch war es schwer,
er fluchte in der Kammer:
»Oh wie gemein, mir fällt nichts ein!«
Verzweifelt klang sein Jammer.

Da fing ein Stück Idee zum Glück
noch an, in ihm zu keimen
und so begann der gute Mann
aufs weiße Blatt zu reimen:

Ein Dichter saß am Tisch und las...

Kapue asaur

Urplözlich, kurz nach Miernach,
ha sie auf einmal erz gemach.
Ich konne ippen wie verrück
und hiel das "" ganz lang gedrück,

doch nichs! Der Res ha funkionier,
nur dieses "" war voll blockier.
Wie soll man so Gediche schreiben?
Das kann mich in den Wahnsinn reiben!

Es wird doch keinen Leser locken,
gerä der Lesefluss ins Socken
und wirk der ex oal verschroben.
Man wird mich adeln, wird auch oben,

wird »roel« rufen – alles nur
dank der kapuen asaur!

Zier dich nicht so!

Komm her, schöne Braut, leg dich zackig
vor mich auf den Tisch – mach dich nackig!
Du bringst mich mit leichter Bewegung
der samtweißen Haut in Erregung.

Ich will dich von all deinen Seiten
(und trotz Poetenzschwierigkeiten)
mit meinen Ergüssen auf Büttenpapier überströmen und -schütten.

Komm, mach dich auch ohne Bedrängnis
bereit für befleckte Empfängnis.
Und willst du noch immer nicht kuschen,
dann muss ich dich federn und tuschen!

Versucht

Schriebe ich von Liebeskummer,
von Verzweiflung, Hass und Leid –
wie ein armes Herz in stummer
Trauer hilf- und lautlos schreit,

würdest du den Schmerz erspüren,
Leser, würde mein Gedicht
dich zu tausend Tränen rühren?
Nein? Kein Schluchzen? Dann halt nicht!

Kurzschlussfolgerung

Die Existenz von Reim allein
reicht nicht, um ein Gedicht zu sein.
Doch wird das auch nicht garantiert,
wenn gar kein Reim die Zeilen schönt.

Kunst

Das Meisterwerk

Zu meiner Linken sehen Sie
das schönste Bild der Galerie:
›Der Kuss‹ von Egon Schiele.

Es zeigt ein junges Liebespaar,
in sich versunken ganz und gar,
gemalt im Jugendstile.

Ein Werk von stattlichem Format
(ein Meter achtzig im Quadrat),
das ganz in Gold erstrahlte.

Was meinen Sie? Es stammt von Klimt?
Jetzt, wo Sie's sagen – ja, das stimmt!
Was der so alles malte...

Tanz der Leiden schafft

Er wiegt die Frau mit einem Schlenzer,
im Tangotänzer
ist grad der Lenz er-
wacht.

Simone schlingt die langen Beine
galant um seine,
wie das sonst keine
macht.

Sobald er durch die Vorverlegung
der Drehbewegung
sie in Erregung
bringt,

wirft sie den Kopf in ihren Nacken,
dass von den Hacken
ein scharfes Klacken
dringt.

Und man kann es förmlich spüren,
dieses sinnliche Berühren,
um den Partner zu verführen...

Da stolpert Karl und das ist schade –
die Promenade
war sein Parade-
schritt.

Er will sich halten, aber leider
reißt er noch bei der
Aktion zwei Kleider
mit.

Durch diesen Fehlgriff steht Simone,
die Tanzikone,
fast oben ohne
da.

Sehr tiefen Einblick offenbart se,
als man 'ne Warze
durchs kleine Schwarze
sah.

Und so macht sie nach dem Tanze
statt erotischer Romanze
ihm 'ne Szene – dann verschwand se...

Poetry Slam

Spitzt die Zunge, zückt die Feder,
zieht in vollem Reim vom Leder!
Haut den Publikumsjuroren
euren Beitrag um die Ohren!

Stellt euch vor die Mikrofone
ohne jede Sprachschablone.
Bringt im Stehen möglichst kühne
Satzgeburten auf die Bühne.

Doch ihr müsst euch mächtig sputen,
food for thought in fünf Minuten!
Schleudert Worte, dass es kracht.
Auf, ihr Dichter, in die Schlacht!

Kunst fertig!

Es scheiden sich die Geister
an Kunst und was das ist.
Die einen rufen: »Meister!«,
die andern rufen: »Mist!«

Zum Glück gibt's Kunstexperten
(und solche, die's gern wärn),
die können Kunst bewerten –
von klassisch bis modern.

Doch was sie dechiffrieren,
erschließt sich oft nur schwer
und muss man Kunst studieren,
dann wirkt sie elitär.

Die Meinung bleibt gespalten,
die einen rufen: »Kunst!«,
die andern jedoch halten
das Werk für voll verhunzt.

Denn wenn ein nackter Hüne
am Boden kriecht und grunzt
auf blutverschmierter Bühne,
was ist da bitte Kunst?

Ob künstlerische Wirre,
ob genialer Streich,
es rufen alle: »Irre!« –
doch meint's nicht jeder gleich.

Sehnlichst

Schwebt sie, wenn sie schwebt, im Raume,
döst sie in den Tag hinein,
lebt sie nur in meinem Traume,
flößt sie mir Ideen ein?

Reicht sie mir das Glas mit Tusche,
facht sie an, was lodern muss,
weicht sie, wenn ich ständig pfusche,
lacht sie über meinen Stuss?

Ahnt sie meine Schreibblockade,
müht sie sich mit aller Kraft,
bahnt sie mir versteckte Pfade,
glüht sie voller Leidenschaft?

Tropft sie Lyrik in die Worte,
spürt sie, fühlt sie Dichterpein,
klopft sie schon an meiner Pforte?
Grüezi, Muse, komm herein!

Beeilung!

Lies endlich weiter,
bleib doch nicht stehn!
Nichts ist hier heiter,
nichts erogen!

Auf geht's, verweile
nicht allzu lang
in dieser Zeile!
Komm jetzt in Gang!

Trödel doch bitte
nicht so herum!
Ab durch die Mitte!
Schau dich mal um:

Hörst du das Grollen
derjen'gen, die's
auch lesen wollen?
Los, Leser, lies!

Von Meistern inspiriert

Folgen der Trunksucht
(nach Robert Gernhardt)

Seht ihn an, den Pater.
Trinkt er, dann bejaht er
selbst die Frage vorm Altar:
Willst Du diese Frau... Ja klar!

Seht ihn an, den Schlachter.
Trinkt er, dann erwacht er
nach dem Rausch vom vielen Wein
Arm in Arm mit einem Schwein.

Seht ihn, den Ägypter.
Trinkt er was, dann hüppt er
vor erstauntem Publikum
um die Pyramiden rum.

Seht den Waldarbeiter.
Trinkt er, wird er breiter,
weil ein Baum sich falsch verhält
und beim Fällen auf ihn fällt.

Seht ihn an, den Dichter.
Trinkt er, dann erbricht er
sich in Pathos und Gefühl.
Nüchtern schreibt er eher kühl.

Berühmte Dialoge
(nach Robert Gernhardt)

Gunter Sachs zu Dolly Buster:
Ach, die Frauen sind mein Laster...
Ja, ich merk's, meint Dolly. Gunter,
geh von meinem Körper runter!

Stephan Derrick hört man sagen:
Harry, hol schon mal den Wagen!
Dieser aber kontert: Stephan,
der springt immer nur beim Chef an!

Tristan müht sich um Isolde:
Sei von jetzt an meine Holde!
Doch Isolde jammert: Tristan,
immer hör ich mir so 'n Mist an!

Gretchen tadelt Dr. Faust:
Teufel auch, bist du zerzaust!
Der erwidert: Liebes Gretchen,
das liegt nur am Zimmermädchen.

Abel spricht zu Bruder Kain:
Schlägst du mir den Schädel ein?
Da beschwichtigt Kain den Abel:
Quatsch, das ist nur Christenfabel.

Franz umflirtet seine Sissi:
Komm, wir lieben uns a bissi.
Doch die Sissi wehrt sich: Franz,
wie denn – bei dem kleinen Schwips?

Die Fliege

(nach Heinz Erhardt)

Hinter eines Rindes Baumel
schwirrt im Fladenfreudentaumel
eine Fliege, die drauf wartet,
dass der Auswurfvorgang startet.

Muhend hebt die Kuh soeben
an, den Wedel anzuheben,
um mit wahrnehmbaren Pflatschen
ihren Matsch ins Gras zu klatschen.

Und zur Feier nah am Weiher
legt die Fliege ihre Eier
in den besten, warmgepressten
Haufen aus Verdauungsresten.

Hinter eines Rindes Baumel
schwirrt die Welt im Freudentaumel.

Kurz, kürzer, zu kurz

Werther, jugendlicher Schwärmer,
bürgerlich und weitaus ärmer
als die bessere Gesellschaft
kommt nach Wahlheim, wo er's schnell schafft,

die Natur mit ihrer Fülle
malerischer Landidylle
zu genießen und auf kleinen
Skizzen mit sich zu vereinen.

Später trifft er auf 'nem Tanzfest
Lotte und verliebt sich ganz fest
in die junge, tugendsame
und bewundernswerte Dame.

Die Verwandtschaft ihrer Seelen
können beide nicht verhehlen,
als sie an den Fensterbänken
an dieselbe Ode denken...

Halt! Moment! So wird das nichts!
Der Charakter des Gedichts
ist kein Schleichen, sondern Stürzen
und verdichten heißt verkürzen!

Auf dem Ball verliebt sich Werther –
Lotte ehrt, verklärt, begehrt er.
Tanz für Tanz ein unbeschwerter
Abend, aber dann erfährt er

nebenbei vom Fast-Verlobten.
Doch nachdem Gewitter tobten
und die zwei am Fenster stehen,
ist es ganz um ihn geschehen...

Stopp! Noch immer viel zu lang!
Konzentrier den Handlungsstrang
auf pikante, kleine Happen,
denn verdichten heißt verknappen!

Liebesdrama, Kopfschuss, Blut.

Siehste! Geht doch! Jetzt ist's gut!

Tragisch

Hotello, Page im ›Venedig‹,
war schwer verliebt und in persona
begehrte er mit Desdemona
ein Zimmermädchen, schön und ledig.

Sein Pech war nur, dass ihrem Vater,
den diese Liebesbande störte,
der ganze Laden hier gehörte.
So gab es erst einmal Theater.

Doch ehelichte dann Hotello
klammheimlich seine Herzensdame,
der Vater übte Rücksichtnahme
und alles schien nun picobello.

Nur Jago, dessen schwere Koffer
Hotello abwies zu befördern,
gehörte zwar nicht zu den Mördern,
doch reagierte er viel schroffer

als nötig und er spann Intrigen,
bis Eifersucht und Rache kreisten
und von den Hauptfigurn die meisten
im Himmelreich für immer schwiegen.

Führt deine Reise einmal weiter
per Zufall ins Hotel ›Venedig‹,
sei dort mit deinem Urteil gnädig –
es fehlen Servicemitarbeiter.

Nonsens

Konjunktivitis

Ach, wie viel ich dafür göbe,
wenn mein Lehrer mich mal löbe
und mir mehr Erfolge gönnte!
ja, wenn er doch mal erkönnte,
dass ich fehlerfreier schrübe,
wär die Linse nicht so trübe,
weil, wofür ich gar nichts konnte,
sich die Bindehaut entzondte.

Wie geschleift ich mich dann drückte
(und zwar aus), weil es mir glückte,
dass sich von den vielen leichten
Fehlern keine mehr einschleichten.
Wenn er dann sogar noch hörte,
wie ich richtig konjugörte
und mir jeder Satz gelünge,
wie er dann vor Freude sprünge!

Getrennt

Ein Blinddarm leidet, ist gereizt,
sein Wirt, Herr Lautenbacher, geizt
nicht grade mit Gejammer.

Der Wurmfortsatz ruft das Spital.
Wie er das macht? Ein andermal...
Der Bauch wird immer strammer.

Von Ruhepause Spur,
im Krankenhaus dröhnt durch den Flur
Geschreie und Getue.

Erst im OP-Saal dann befreit
man ihn vom dem, der so viel schreit.
Jetzt hat er endlich Ruhe.

Neulich an der Reimtheke

»Guten Tag, was wünschen Sie?«
»Eine Lage Poesie,
vierzehn Scheiben von den fetten,
abgehangenen Sonetten,

zwei, drei Tanka und 'ne ganze,
schöne, ungebeizte Stanze.
100 Gramm vom Limerick,
dünn geschnitten, nicht zu dick!

Außerdem vier Villanellen
und drei Stück von diesen hellen,
luftgetrockneten Terzinen,
ja genau, direkt vor Ihnen!

Haben Sie auch noch Ballade?
Die ist aus? Ach, das ist schade!
Können Sie mir dann Trochäen
frisch durch Ihren Verswolf drehen?

Ja, so etwa eine Schale,
gerne auch noch Madrigale
und elf Elfchen samt dem Rest
vom gehackten Anapäst.«

»Darf's denn sonst noch etwas sein?
Nicht? Dann pack ich's Ihnen ein!
Gratis noch 'ne Haiku-Lende.«
»Danke! Schönes Wochenende!«

Häusliche Berufsberatung

»Ach Mutter, ich weiß nicht, was soll ich mal werden?«
»Mein Kind, es gibt tausend Berufe auf Erden.
Was macht dir denn Spaß? Hast du etwa Talent in
Intrigen und Machtkampf, dann werde Regentin.«

»Nein, Mutter, da hat man doch viel zu viel Stress in
der täglichen Arbeit – wie wär's mit Prinzessin?«
»Ich weiß nicht, ich fände es besser, du strebst in
der römischen Kirche hinauf bis zur Päpstin.

Wie meine Bekannte, zum Beispiel, die lebt in
dem Kloster von Athos als griechische Äbtin.«
»Was sagst du da, Mutter? Man kommt nur als Mann in
das Kloster...« »Na sowas?! Dann werd halt Tyrannin.

Du liebst doch Schikane und quälst uns bis spät in
die Nacht...« »Halt, jetzt hab ich's – ich werde Poetin!«
»Poetin? Die schreibt doch so Lyrik und Dichtung?«
»Hab Dank für den Wink in die richtige Richtung!«

Veganes Gedicht

Tiertransporte, Schlachthofquieken,
Mastanlagen, Fließbandküken,
sprach's Gedicht, sind zu barbarisch,
deshalb werd ich vegetarisch
und bereite und serviere
alles nur noch ohne _____.
Mit viel Schwung und neuer Frische
geb ich Butter bei die _____.

Doch das reicht nicht, kleine _____
tränken ihre Milch gern selber
und man hört in Tennen _____
ob geraubter Eier flennen.
Alle ____ischen Produkte,
die ich früher sorglos schluckte,
kommen nicht mehr auf die Tische!
Ich geb _____ b__ die _____!

Man kann nie wissen

Dass dein Schweinehund persönlich
mit dir über Hegel spricht,
wäre sicher ungewöhnlich,
ausgeschlossen aber nicht.

Sei am besten vorbereitet,
falls es irgendwann passiert,
weil der Kerl, der dich begleitet,
sonst noch den Respekt verliert.

Hopfen und Malz verloren

Nächtlicher Einbruch in Großbrauerei

Bierschützer ließen zehn Holzfässer frei –
allesamt etliche Wochen in kalten,
düsteren Kellern gefangen gehalten.
Spürhunde fanden am Boden dann später
neben zwei Krügen ein Schreiben der Täter:
›Unser Protest gegen Massenbierhaltung!‹

Hinweise an die Gemeindeverwaltung.

Auf nach Absurdistan!

Auf dem Hof sind viele kleine
Legehennen ohne Beine.
Streng nach Vorschrift – die Verwaltung
fordert bodennahe Haltung!

Auf den ersten Blick ist Liebe
nichts als eine Sympathiebe-
kundung zweier Menschenherzen,
die den zweiten Blick verschmerzen.

Auf dem Weg von Itzehoe
bis ins ferne Gütersloh
nahm er – denn wer nimmt nicht gerne? –
einen Umweg über Herne.

Auf dem Teich quakt eine Ente,
dass sie mich von früher kennte,
als ich Steine nach ihr warf.
Ich erwidere recht scharf
von der Bank aus (kühl und schattig):
Lerne du erst mal Grammatik!

Gähnenden Leere

Würde man von all den Sternen
alle bis auf zwei entfernen,
wär das All zwar noch gigantisch,
doch die Nacht nicht mehr romantisch

und es lebten Astrologen
größtenteils zurückgezogen.

Weihnachtsstress

Lieferstopp

Das Rotnasen-Rentier Heinz-Rudi
ist eigentlich weihnachtserprobt,
doch fragt es den Santa: »Wozu die
Geschenke?«, worauf dieser tobt.

Fast immer lässt Rudi sich bitten,
das endet in Disharmonie.
Dann setzt er sich selbst in den Schlitten
und ruft seinem Herrn zu: »Los, zieh!«

Bleibt Santa in Schornsteinen stecken,
halb drinnen, halb draußen der Po,
macht Rudi zu Sicherungszwecken
ein Foto für Facebook und Co.

Dort stellt er es gleich voller Stolz aus,
darunter ein Text – provokant.
Jetzt hängt in dem Weihnachtsmannholzhaus
ein Rentiergeweih an der Wand...

Erleuchtet

Picea kommt aus gutem Hause,
sie steht im Garten von Herrn Krause,
ist hochgewachsen und sehr stolz
auf ihre Nadeln und ihr Holz.

Doch eines Abends, schon im Dunkeln,
bemerkt sie neben sich ein Funkeln,
als Krauses grad damit beginnen,
zwei schöne Silbertannen innen

und außen mit enormen Mengen
an Lichterketten zu behängen.
Am Ende loben die Besitzer,
mit sich zufrieden, das Geglitzer,

bei dem nun auch Picea staunt
und still in sich ein »Himmlisch!« raunt.
Ganz neidisch schielt sie auf die Lampen
und ruft den Tannen zu: »Ihr Schlampen!«

Das soll wohl ein Witz sein?

Prophylaktisch

Der Lehrer schimpft den kleinen Hagen:
»Zur Strafe schreibst du zwanzig Mal:
Man darf nicht ›du‹ zum Lehrer sagen!
und unterstreichst's mit Lineal.«

Am nächsten Morgen, kurz nach sieben,
begrüßt ihn Hagen voller List:
»Ich hab's gleich vierzig Mal geschrieben.«
»Warum denn das?« »Weil du es bist!«

Fehlkauf

Johann kauft sich neue Schuhe,
handgefertigt, passgenau
und gleich nach der Mittagsruhe
präsentiert er sie der Frau.

Stolz steht er vor ihr im Zimmer:
»Fällt dir etwas an mir auf?«
»Nicht direkt – du trägst noch immer
dieses Zeug vom Schlussverkauf.«

Wütend zieht er Hemd und Hose
aus, ist nackt bis auf die Schuh,
baut sich dann in dieser Pose
vor der Gattin auf: »Und nu?«

Doch die lässt sich nicht bedrängen,
schaut auf Johanns kleines Ding:
»Er ist immer noch am Hängen,
so wie er schon gestern hing.«

»Klar, er muss sich ja auch neigen...«,
schäumt der Gatte voller Wut,
»... um auf meine Schuh zu zeigen!«
»Kauf dir besser einen Hut!«

Bodenständig

Dem jungen Star, zurzeit ganz oben,
sagt der Reporter ins Gesicht:
»Es heißt, Sie seien abgehoben
und stünden gern im Rampenlicht.«

»Ach was, die Leute übertreiben
mit ihrem Starallüren-Mist.
Ich werde auf dem Teppich bleiben –
solange es der rote ist.«

Nachdenklicheres

Zwangsläufig

Durch Täler schlängelt sich ein Fluss,
nicht, weil er will, nein, weil er muss.
Denn harter Stein und Fels zuhauf
verbauen ihm den freien Lauf.
Gequält mäandert er durchs Land
und wünscht sich feinen Wüstensand.

Am Ufer wandert einer still,
nicht, weil er muss, nein, weil er will.
Er folgt den Kurven und bestaunt
die Uferlandschaft gut gelaunt.
So führt's zu Freude und Verdruss,
wenn einer kann, der andre muss.

Der richtige Moment

Zu früh, um schon Bilanz zu ziehen,
zu früh für letztes Resümee,
zu früh, dem Alltag zu entfliehen,
zu früh für sanften Pausentee.

Zu früh, um jetzt schon auszusteigen,
zu früh, solang das Rad sich dreht,
zu früh, sich dankbar zu verneigen,
zu früh, um... – zu spät!

Gerüchteweise

Irgendwer hat irgendwo gelesen,
dass mal irgendeiner irgendwie…
Irgendetwas ist da wohl gewesen.
Hat er…? Oder war es eine ›sie‹?

Jedenfalls soll er/sie eine schlimme…
nix Genaues weiß man leider nicht.
Aber, dass davon nicht alles stimme,
hält man allgemein für ein Gerücht.

Friedensschluss

Es kann sich tief im Innern
mein Schweinhund erinnern
an manchen wilden Streit.

Inzwischen ist es leiser,
wir ruhen altersweiser
im Körbchen Seit an Seit.

Allzu menschlich

Apokalyptisch

Ringsum liegt die Welt in Trümmern,
nichts steht, wo es vorher stand.
Seltsam – keinen scheint's zu kümmern,
Schlamperei im Niemandsland.

Schwelend mehrt sich banges Ahnen,
kommt der Rettungstrupp zu spät?
Schafft er es, den Weg zu bahnen
mit dem schweren Räumgerät?

Noch beklagt man keine Toten,
doch die erste Seuche droht.
Das Betreten ist verboten,
Wiederaufbau täte not.

Chaos reicht bis zu den Rändern,
das ist wohl der Welten Lauf.
Letztes Bäumen, was zu ändern:
Kevin, räum dein Zimmer auf!

Abgenagt

Erst quält der Mensch als Scheißerchen
sich mit den ersten Beißerchen,
doch später dann als Milchgesicht
erinnern sich die Knilche nicht,
wie noch im ersten Lebensjahr
ihr Kauversuch vergebens war.

So freut sich jedes kleene Kind,
wie praktisch erste Zähne sind,
auch wenn bereits von diesen zehn
auf wackeligen Füßen stehn.
Die zweite Reihe mag es nicht,
zu warten, drängt ans Tageslicht
und sorgt dafür, in weißem Matt,
dass man als Mensch zu beißen hat.

Doch kämpfen dann Imperien
von Karies-Bakterien,
bis vieles vom einst stolzen Biss
des Zahns dahingeschmolzen is'
und der Dentist nur lückenhaft
die Kluft zu überbrücken schafft.

Wenn dann der Mensch bequem getrennt
von seinen dritten Zähnen pennt,
gelingt ein ganz spontaner Schmatz
im Bett nur ohne Zahnersatz.
Es ist, gemäß der Lage hier,
der Zahn der Zeit ein Nagetier.

Grenzen der Toleranz

Blökt, wenn ihr mögt,
bellt, wenn's gefällt,
schwätzt, wenn ihr's schätzt,
tollt, wenn ihr wollt,
schreit, wenn's befreit,
weint, wenn ihr meint,
tauscht, wenn's berauscht,
raucht, wenn ihr's braucht,
küsst, wenn ihr müsst,
spreizt, wenn's euch reizt,
röhrt, wenn's betört,
leckt, wenn's euch schmeckt,
schmust, wenn's erquickt...

aber macht dabei verdammt noch mal die Fenster zu!

Was ich schon immer mal wissen wollte...

Mich würd intressieren,
ob Kühlschränke frieren
und welche der Damen,
die ihn stets umrahmen,
wohl gegen George Clooneys
Verführung immun is?

Warum hat die Schwerkraft
um 6 Uhr Früh mehr Kraft
als sonst so am Tage?
Und was ich mich frage:
Weshalb fehlt Gemüse
die nötige Süße?

Wer kann mir verraten,
warum auf Plakaten,
besonders vor Wahlen,
die Menschen nur strahlen?
Denn ehrlich und schlichter
wärn lange Gesichter...

Weshalb liest man Bände
fast immer zu Ende,
auch wenn sie dank Längen
im Spannungsfeld hängen?
Ich rat bei Gedichten
darauf zu verzichten...

Gefalln sich Narzissen?
All das möcht ich wissen!

Zielkorrektur

Jeder Dieb verfolgt ja immer
nur ein Ziel, und das erbittert –
einzubrechen in die Zimmer,
die verriegelt und vergittert.

Doch kaum fasst man Kriminelle,
wird ein neues Ziel besiegelt –
auszubrechen aus der Zelle,
die vergittert und verriegelt.

Rechenschwäche

Schon seit der ersten Klasse hatte
er eine glatte 5 in Mathe.
Ihm lag statt Rechnen mehr das Schätzen,
drum hieß es öfters »6 und setzen!«
Ein Lehrer fragte ihn mal in der
3a: »Es teilen sich zwei Kinder
zusammen sechsundvierzig Pflaumen,
was kriegt dann jeder?« »Pi mal Daumen?«
»Genauer!« »Bauchweh unter Qualen?«
»Verweis!!« Er hat's nicht so mit Zahlen.

Es zählt auch nicht zu seinen Stärken,
sich Ziffernfolgen gut zu merken.
So hat er schon in seinem Leben
diverse PINs falsch eingegeben
und das Problem ist, dass in Banken
die Automaten dies nicht danken.
Anstatt in Ruhe abzuwarten,
verschlucken sie gern seine Karten.
Dann steht er in den Filialen
dumm rum – er hat's nicht so mit Zahlen.

Und seine Rechenkünste reichen
nicht mal zum Rechnungen-Begleichen.
Egal ob Supermarkt, ob Laden,
ob Einkauf unter den Arkaden,
am Ende beim Bezahln der Zeche
zeigt sich dann seine Rechenschwäche.
In Restaurants nach gutem Essen
dagegen lässt er sich nicht stressen
und schleicht ganz still aus den Lokalen
heraus – er hat's nicht so mit Zahlen.

Mangelhaft

Du empörtest
dich beim Hörtest,
dass da nichts zu hören war

und verspätest
dich zum Sehtest,
denn der Hinweg war nicht klar.

Auch beim Paartest
offenbartest
du zu wenig Leidenschaft

und vermutest,
beim IQ-Test
sei die Lösung fehlerhaft.

Die Anhalterin

Da standst du und es war um mich geschehen,
so strahlend schön, direkt am Wegesrand,
als wolltest du mir sagen: Bleib doch stehen!
Dein Anblick brachte mich um den Verstand.

Ich konnt nicht anders, als sofort zu halten
und starrte dir entgeistert ins Gesicht,
so lange, dass ich glatt vergaß zu schalten –
ein Hupkonzert verschwamm in deinem Licht.

An jenen Ort, an dem du dich befindest,
kehr ich noch oft zurück – trotz meiner Not.
Ich glaube, dass du viel für mich empfindest,
denn immer, wenn ich nahe, wirst du rot.

Morgenstund hat Blei im Arsch

Mal wieder lange rumgehangen,
das Weckerschrillen wird zur Qual,
wer will schon morgens Würmer fangen?
Der frühe Vogel kann ihn mal!

Halbblind in Richtung Küche tasten,
dort steht sein täglich Koffein,
im Weg steht auch der Werkzeugkasten
und nötigt ihn zum Niederknien.

Der kleine Zeh ist angebrochen,
ein Tarzanschrei erfüllt die Luft.
Er ist zurück ins Bett gekrochen –
wie schnell so ein Elan verpufft...

Feiertage

Verbleibt dir Ende Mai sogar
noch Urlaub aus dem letzten Jahr,
der bald verfällt, verbringst 'n
am besten rund um Pfingsten.

Befördert dich der Flugzeugsitz
ins Land des größten Reggae-Hits,
dann (get up, stand up!) singst 'n
bald volles Rohr in Kingston

des nachts in Captain Morgans Bar.
Am Anfang siehst du noch recht klar,
doch kommt der Rum, dann trinkst 'n
als Cocktail, den ver...dingsten...

Und glotzt dich dann ein alter Mann
am nächsten Tag im Spiegel an,
wär's besser, du empfingst 'n
als guten Freund und schminkst 'n.

Ganz in Weiß

Sie hängt an seinen Lippen
und glaubt, das lässt ihn cool.
Die Lage droht zu kippen
und mit ihr auch sein Stuhl.

Schon oft war er geblendet
und fragt sich jetzt ganz bang,
wie dieses Date wohl endet?
Vermutlich auf dem Gang...

Er starrt in ihre Augen,
sie starrt in seinen Mund
und fängt dann an zu saugen
ganz tief in seinem Schlund.

Ein Mann ist hier verloren,
so sehr er sich auch sträubt,
er stößt auf taube Ohren
und ist noch selbst betäubt.

Ihr noch mal nah zu kommen,
wird schwierig vor dem Gehn.
Er stammelt leicht benommen:
»Hau Hokto, Hiedachehn!«

So jedenfalls nicht!

Ich möchte nicht erschlagen werden,
auch nicht erdrosselt, -dolcht und -stickt,
nicht überrollt von Büffelherden
und nicht zerbombt im Grenzkonflikt.

Kein Fallbeil soll mein Leben kürzen,
kein Unfall und schon gar kein Mord,
Ich möchte nicht von Felsen stürzen,
von Brücken oder über Bord.

Auf keinen Fall will ich verbrennen,
an Krankheit sterben oder Gift,
im Kugelhagel wie John Lennon,
durch Sturz aus einem Sessellift.

Auch lehn ich Tod durch Altersschwäche
genauso ab wie Suizid
und dass ich mir das Rückgrat breche,
weil sich ein Flusspferd auf mich kniet.

Der Sensenmann hört meine Klage
und sinnt: An Todesarten käm
dann aber nicht mehr viel in Frage...
Na und, Gevatter – dein Problem!

Mitteilungsbedürftig

Warum muss man sagen,
dass seit ein paar Tagen
der Druck auf den Magen
so groß ist?

In Bussen und Bahnen
will ich bei Organen
noch nicht einmal ahnen,
was los ist.

Mein Modus vivendi
dreht durch, wenn die Mandy
zur Wendy am Handy
so giftet.

Und wen intressiert es,
ob ein operiertes
Gesicht sich ein viertes
Mal liftet?

Ich wünscht, ich ertaube,
wenn in einer Traube
wer pöbelt, er glaube
den Scheiß nicht!

Muss jeder berichten
von solchen Geschichten –
sogar in Gedichten?
Ich weiß nicht...

Nur keine Hektik!

Sag mir, Königin der Tische,
wie ich den Moment erwische,
deine Blicke zu erheischen,
ohne durch den Raum zu kreischen.

Wie bloß kann ich dich erreichen?
Gib mir nur ein kleines Zeichen,
Spitzenkraft der Gästespeisung,
Meisterin der Tischumkreisung.

Flehend bitt ich dich – nein, bettel:
Nimm Notiz auf deinem Zettel,
wenn schon nicht von mir, stattdessen
wenigstens von meinem Essen!

Heldin der Tablettartistik,
planst du etwa längerfristig?
Kannst du mir noch mal verzeihen,
so terminlos reinzuschneien?

Herrscherin der Nahrungskette,
Wächterin der Körperfette,
Leuchte des Bestellprozesses,
bring mir irgendwas – ich ess es!

Endlich sehe ich dich nahen.
Wirst du meinen Wunsch bejahen?
Fast – du schaffst es, mit Getränken
kurz vor mir noch abzuschwenken.

Ach, wie würde es mich freuen,
dich bei mir mal zu betreuen.
Komm, besuch in aller Ruhe
mein Geschäft für Damenschuhe!

Von wegen Inselreichtum!

Ja wie läuft denn die Madame rum?
Splitternackt und das auf Amrum!
Gibt sich dort in Lebensgröße
jede vorstellbare Blöße.

Selbst auf Fehmarn, wird berichtet,
hat man blanke Haut gesichtet
und der Strandgast frönt auf Rügen
seinem FKK-Vergnügen.

Sicher können sich die meisten
keinen Badeanzug leisten,
was jetzt endlich mal enthüllt:
Arme gibt's nicht nur auf Sylt!

Außer Rand und Band

Klein-Kathrinchen ist am Brüllen,
Malte will schon lange gehn,
Paul und Anneliese füllen
Cola in die Orchideen.

Torben, mit Geburtstagskrone,
kotzt das Schlumpfeis aufs Parkett.
In der Rutschgefahrenzone
tanzt sein Elternpaar Ballett.

Liselotte tritt Carola,
die verknotet Lottes Zopf,
beide schrein nach noch mehr Cola,
doch die schwimmt im Blumentopf.

Paulchen jagt den Fußball straff ins
Wandregal, das kollabiert,
während Malte Blaubeermuffins
in die Sofaritzen schmiert.

Matte Eltern, halb gestorben,
stimmen an mit letzter Kraft:
Happy Birthday, lieber Torben!
Wieder ist ein Jahr geschafft.

Frohe Botschaft

Er dachte schon, er wär zum Pech geboren,
was immer er versuchte – für die Katz!
Im Spielcasino hatte er verloren,
zum Hauptgewinn war er noch nie erkoren,
noch nicht einmal zu einem dritten Platz.

Doch neulich hat das Schicksal sich gewendet,
er saß am Rechner, war total frustriert.
Die E-Mail, die sein Lebenspech beendet,
hat ihm ein unbekannter Held gesendet:
›Jetzt: 1000 Euro täglich – garantiert!‹

Er müsse nur die Unterlagen kaufen,
in denen man die Geldvermehrung lernt.
Das würde dann von ganz alleine laufen,
vom kleinen Häufchen bis zum großen Haufen:
›Der Reichtum liegt nur einen Klick entfernt.‹

Auch schickten ihm auf einmal viele Frauen
ein Bild von sich, das ›wirklich alles zeigt‹.
Erfreut ging er daran, sich die genauen
Details auf diesen Fotos anzuschauen,
doch kam er nicht sehr weit – sein Rechner streikt.

Fast oben ohne

Mit der Zeit und mit den Jährchen
blieb ihm nur ein einz'ges Härchen,
das er sorgsam hegte, pflegte,
wusch und dann zur Seite legte.

›Harry‹, wie er's zärtlich nannte,
bildete die elegante
linke Seite von dem Scheitel,
glattgeföhnt – da war er eitel.

Neulich träumte er im Kissen,
Harry wäre ausgerissen,
wachte auf – vor Schreck ganz fahl:
Um ein Haar wär ich jetzt kahl!

Lobeshymne

So vieles wurde schon bedichtet,
in Versen strophenlang geehrt,
nur ihr, die treu den Dienst verrichtet,
blieb diese Huldigung verwehrt.

Das muss sich ändern! Abfalltonne,
wie klaglos schluckst du jeden Dreck!
Ob einzeln oder in Kolonne,
du meckerst nie und steckst was weg.

Die Menschheit würde längst vermüllen
in ihrem Unrat und Gestank,
wärst du nicht da, um dich zu füllen –
ganz ohne Ehre, Lob und Dank!

Nur einen gibt's, der ungebrochen
dich ständig in den Himmel hebt.
Du wirst in allen graden Wochen
vom Müllmann hoch-hoch-hochgelebt.

Einäugiger unter den Blinden

Im Grunde ist des Menschen Darm
an Sinneseindruck ziemlich arm.
Er riecht und schmeckt kaum – was ein Glück! –
er fühlt nicht viel und hört kein Stück.

Nur ab und zu, mit viel Geschick,
riskiert er einen kurzen Blick.

Mann und Frau

Doppelmord

»Mensch, Ruth, ich hab hier grad gelesen,
Frau Schmidt von nebenan...« »*Der Besen?*«
»Genau, die lag seit Wochen tot in...«
»*Wen wundert das, bei der Despotin!?*«

»Na, jedenfalls in ihrer Wohnung
lag...« »*Jochen, gibt es 'ne Belohnung?*«
»Ich glaube nicht...« »*Wär doch berechtigt!*«
»Kann sein, auf jeden Fall verdächtigt

man ihren Mann...« »*Den armen Softie!*«
»... er hätte sie...« »*Weißt du, wie oft die
ihn schon gereizt hat?*« »Ja, natürlich.
Jetzt hat er...« »*Komm, erzähl ausführlich!*«

»... sie wohl erwürgt mit seinen Händen
und dann...« »*Die musste ja so enden!*«
»... zerstückelt und verpackt in Kisten...«
»*Ich kannte auch mal...*« »Ruth!!« »*Was ist denn?*«

»Jetzt rede ich!« »*Schon gut, ich schweige...*«
»Inzwischen gab's 'ne Selbstanzeige.
Herrn Schmidts Motiv...« »*Was war es, Jochen?*«
»Sie hat ihn ständig unterbrochen!!«

Erinn_____ücken

»Sag mal, Liebling...« »*Ja?*« »... wir waren
doch schon mal vor vielen Jahren
mit Hans-Jürgen und Verena...«
»*Meinst du Kochs?*« »Genau! ...in Jena.«

»*Nee, ich glaub, in den Vogesen*
sind wir mit den Kochs gewesen
und in Jena...« »Bist du sicher?«
»*Ja, ich hör noch dein Gekicher,*

als am Marktplatz...« »Das war Kreta!«
»*Quatsch, das war doch erst viel später!*
Nein, in Frankreich als der Ober
das Dessert mit viel Zinnober...«

»Stimmt! Mir dämmert's – und Hans-Jürgen
musste nachts davon noch würgen.
Aber wer war mit uns zweien
dann in Jena?« »*Beth und Brian?*«

»Nee, die war'n mit an der Küste.«
»*Ach, als ob ich das nicht wüsste!*
Nordsee war mit Brit und Heiner,
'99, kurz nach deiner

Prostata-OP...« »Von wegen!
Damals war dort Dauerregen
und wir sind auf die Kanaren...«
»*Mensch, wo wir schon alles waren!*«

Wunschfinale

»Wie kann man so was nur vergessen??«,
schimpft Carmen sichtlich angefressen,
»Den eignen 10. Hochzeitstag!«
Für Kurt ist das ein Nackenschlag:

»Ich hab den Kumpels schon vor Wochen
für heut die Kneipentour versprochen.
Die sag ich jetzt doch nicht mehr ab.«
Darauf verfehlen ihn recht knapp

zwei Untertassen und dank schneller
Reflexe auch die nächsten Teller.

Ende für Pessimisten:
So geht das noch tagein, tagaus –
für Scheidung ist kein Geld im Haus.

Ende für Romantiker:
Am Ende liegen Kurt und Carmen
sich wieder tröstend in den Armen.

Ende für Phantasievolle:
Man sieht sie noch 'ne Weile zoffen.
Ende offen...

Ende für Theaterliebhaber:
Als Carmen ihn am Kragen packt,
wird's dunkel – Ende 1. Akt.

Ende für Hobbypsychologen:
Dann diskutierten die Personen
den Grund für ihre Aggressionen.

Grundverschieden

Es weiß nur der Kenner,
dass Frauen und Männer
nicht nur zwischen Beinen
(wie manche es meinen)
sich klar unterscheiden.
Die Körper der beiden
sind völlig verschieden.
Und fragt einer »Wie denn?«,
dem kann man's erklären:
Zunächst einmal wären
da einige Gaben,
die Männer nur haben:

Die Herren besitzen
den Hintern zum Sitzen,
die Haare zum Schneiden,
den Mund zum Beeiden,
den Hals zum Versteifen,
die Hände zum Greifen,
die Augen zum Glotzen,
den Magen zum Kotzen,
die Nase zum Bohren,
zum Weghören Ohren,
zwei Knie zum Knacken,
ein Herz für Attacken,
die Kehle zum Trinken
und Füße zum Stinken.

Die Frau hat dagegen,
wie Studien belegen,
den Hintern zum Werben,
die Haare zum Färben,
den Mund zum Erzählen,
den Hals für Juwelen,
die Hände zum Winken,
zwei Augen zum Schminken,
zum Speichern die Hüfte,
die Nase für Düfte,
zwei Ohren zum Hören,
das Knie zum Betören,
ihr Herz zum Verlieren
und Füße fürs Frieren.

Harte Hunde

Ist die Kolik nur Symbolik
dass man zu viel Fettes aß?
Sind die Schmerzen nah am Herzen
mehr als Sturm im Wasserglas?

Hat das Pochen unterm Knochen
einen ganz bestimmten Grund?
So ein kleines Ziehn des Beines
ist noch lange kein Befund.

Kommt das Keuchen von den Seuchen?
Ist die Lunge leicht verquarzt?
Wegen diesen kleinen Krisen
geht ein Mann doch nicht zum Arzt!

Aufgespürt

Von jetzt auf gleich war er verschwunden
und wurd seitdem auch nicht gefunden.
Jetzt sitzt sie vor den Fotokisten,
fragt still »Wo bist 'n?« und vermisst 'n.

War es ein schreckliches Verbrechen?
Wollt sich ein Todfeind an ihm rächen?
Nach Wochen sind die Polizisten
noch ohne Spuren – und sie vermisst 'n.

Dann kommt heraus, er hat 'ne Neue
und zog zu ihr – das war's mit Treue.
»Am besten wäre, du vergisst 'n!«,
rät eine Freundin – sie vermisst 'n.

Doch kocht auch Wut hoch und wird schlimmer,
jetzt liegt er regungslos im Zimmer.
Die Pietät schickt Fragelisten,
sie nimmt den Zollstock und vermisst 'n.

Cacophobie

Mein Liebling hatte in der Zeit
vor unsrem Eheglück
verdammte Angst vor Dunkelheit,
doch das liegt lang zurück.

Sie ist geheilt und das geschah,
als sie im Angesicht
mich erstmals völlig nackig sah –
jetzt hat sie Angst vor Licht.

Entzauberung eines Mythos

Die Multitasking-Fähigkeit
ist kein Talent von Frauen,
nur Männerhirne sind bereit
zum Parallelverdauen.

Sie können lesend Bild und Schrift
ganz mühelos verzahnen,
weshalb man ihn mit Comics trifft
und sie nur mit Romanen.

Szähnen einer Ehe

Wenn alles ineinander zahnt,
als wär's von Geisterhand geplant,
sich mühelos und quietschvergnügt
das eine in das andre fügt,
herrscht Freude pur.

Wie anders nur,
wenn übermüdet in der Nacht
ein Elternteil vom Schlaf erwacht
und sich den Weg zum Bettchen bahnt,
weil wieder mal das Baby zahnt.

Zusammentreffen

Diese langen Haare
schweben mit ihr mit,
höchstens zwanzig Jahre,
wehn bei jedem Schritt,
diese langen Haare.

Diese enge Bluse
fast ein wenig knapp,
freudig musterst du se,
zeichnet alles ab,
diese enge Bluse.

Diese kurze Hose
hüllt nur, was sie muss,
was ich da an Po seh,
ist ein Hochgenuss,
diese kurze Hose.

Diese schlanken Beine
ähneln Heidi Klums,
stöckeln über Steine
wie am Laufsteg – rums!
Diese scheiß Laterne!

Unpassend?

Was haben Männer schon zu bieten?
Die meisten sind nur Hochglanz-Nieten.
Viel Gockeltum und Macho-Sprüche,
dazu noch Schweiß- und Biergerüche.
Statt Emotionen und Gefühle
zeigt man(n) nur rationale Kühle.

Von zwanzig Männern hängt im Schnitt
das Hirn bei neunzehn tief im Schritt
und denkt im Schutze beider Beine
die ganze Zeit nur an das Eine.
Der Zwanzigste in der Statistik
ist Schöngeist, liebt die Klassizistik.

Ganz anders sind dagegen Frauen,
für einen Mann kaum zu durchschauen,
denn hochkomplex in ihrer Länge
sind weiblichen Gedankengänge.
Es scheint in manchen Augenblicken,
dass sie sich selbst darin verstricken.

Bei einem Streitgespräch belohnen
sie Männer gern mit Emotionen
und jedes Mal erneut erstaunen
die Stimmungsschwankungen und Launen,
wie abends in der Schlafdomäne
ein Anfall von Spontanmigräne.

Den Männern fehlen die Antennen,
versteckte Zeichen zu erkennen.
Die Frage „Sag mal, bin ich dick?"
verlangt ein Höchstmaß an Geschick
und wird mitunter gar gefährlich,
erfolgt die Antwort allzu ehrlich.

Erstaunlich, dass in manchen Ehen
sich Mann und Frau so gut verstehen.

Doppelt hält nicht immer besser

Herr Wenn verliebt sich in Frau Schon
und trifft bei ihr den richtgen Ton,
so dass sie sich auch umgekehrt
schon bald nach diesem Mann verzehrt.

Am Standesamt ist beiden wichtig:
Der Name – Wenn-Schon, dann auch richtig.
Sie planen Kinder und sie brennen
darauf, sie ›Ach‹ und ›Na‹ zu nennen.

Doch hält das Glück nicht allzu lange,
sie schimpft ihn ›Depp‹ und er sie ›Schlange‹.
Die beiden heißen nach der Tren-
nung wieder nur noch Schon und Wenn.

Da trifft Herr Wenn, Musikliebhaber,
am Opernabend auf Frau Aber
und auch Frau Schon liebt Opernlieder,
wie ihr Begleiter, Dr. Wieder.

Die möglichen Szenarien
wärn Stoff für viele Arien,
zum Glück jedoch schließt dies Gedicht
noch vorm Erscheinen von Herrn Nicht.

Vorsorglich

Frau von Reibach hat 'ne Leiche
tief im Keller – ist's die gleiche,
die sie früher schon mal hatte?
Nein, es ist ihr zweiter Gatte,

den im Alter (was sie hasste)
plötzlich Sparsamkeit erfasste.
Schwer geprägt von dem Erlebnis
strich sie kurzum sein Begräbnis.

Auch beim dritten, alt und kränklich,
mehrn die Macken sich bedenklich
und so wählt sie für ihr Schätzchen
schon einmal ein kühles Plätzchen.

Epilog:

Doch der Alte ist gewitzter
als sie dachte und schon sitzt er
dran, ein Eisenkreuz zu schmieden:
›Frau von Reibach - ruh in Frieden!‹

Brief an die Ex

~~Liebe~~ Hallo Anne,

dir zu schreiben, fällt mir immer noch ~~sehr schwer~~ nicht
leicht, doch wir sollten Freunde bleiben, wenn es schon
zu mehr nicht reicht.
Meine ~~immer noch~~ ehemals Geliebte, unsre Zeit war
~~wunderschön~~ ziemlich nett. Ich war Nummer sechs, der
siebte liegt bereits in deinem Bett. ~~Langsam~~ Längst
schon hab ich es verwunden, dass du mich verlassen
hast. Wut und Tränen ~~kommen selten~~ sind verschwunden, die Erinnerung ~~noch nicht~~ verblasst.
Wünsche dir und deinem ~~Spacko~~ Neuen, dass ~~es~~
~~schnell vorüber ist~~ du dich in ihm nicht irrst. Möge euch
das Glück ~~verlassen~~ erfreuen – glaube, dass du's brau-
chen wirst...

Dieser Typ, da bin ich ehrlich, sieht zwar wirklich ~~schlei-~~
~~mig~~ blendend aus, doch das ist ja auch gefährlich, denn
ich sag's mal freiheraus: Auch wenn ihr, ~~fast~~ ganz frei von
Falten, ~~jede Presswurst~~ jedes Traumpaar überträft, glaub
ich nicht, du kannst ihn halten, weil die Konkurrenz
nicht schläft.
Klar, sein Cabrio ist ~~protzig~~ chillig – nur nicht, wenn es
draußen gießt. War bestimmt auch nicht ganz billig, ist
das eigentlich geleast? ~~Neulich sah ich~~ Man erzählt sich
unterdessen, ihr geht oft bei Kerzenlicht abends aus, um
gut zu Essen, schmeckt ihm deines etwa nicht?

Anne, so ich muss jetzt schließen, deine beste Freundin
Grit wartet schon. Ich soll dich grüßen. Mach es gut!

Dein Ex-Freund Pit.

Neuigkeiten

Sophie schaut entzückt auf das Schwangerschaftsstäbchen,
zwei rötliche Streifen – ein deutlicher Wink.
Sie plant schon das Zimmer in Blau für das Knäbchen,
vielleicht auch fürs Mädchen, dann eher in Pink.

Klaus-Dieter, ihr Mann, soll's als Erster erfahren,
der weilt momentan auf Montage in Trier.
Sie will ihm den Anruf aufs Handy ersparen,
sonst hat er noch Heimweh und kann nicht zu ihr.

Doch platzt sie vor Freude, das muss jemand hören,
sie ruft gleich die beste der Freundinnen an.
Felicitas muss ihr am Telefon schwören
zu schweigen, sogar vor dem eigenen Mann.

Die kann sich jedoch etwas Tratsch nicht verkneifen,
sie folgt ihrem weiblichen Mitteilungstrieb:
»Man sieht bei Sofie schon die Schwangerschaftsstreifen...«
verbreitet sich rasch nach dem Schneeballprinzip.

Im Laufe der Nachrichtenkette erfinden
die darin Beteiligten weitere Details,
Sophie ist inzwischen schon kurz vorm Entbinden.
»Was, Drillinge?« staunt man im Zuhörerkreis.

Per Zug kommt dann später Klaus-Dieter nach Hause,
am Bahnhof empfängt ihn sein Kumpel Karl-Heinz:
»Wir haben gesammelt, drei Schlafdeckchen, schau se
mal an – sind die niedlich? Für jedes Kind eins!«

Liebesgedicht – für Hilde

Was ich nicht alles machen tät,
damit die Hilde auf mich steht.
Ich pflückte für sie kurzerhand
den Stern vom Benz am Straßenrand,

riskierte alles, nur für sie
(sogar ein Auge auf Marie)
und ging mit ihr ans End' der Welt,
damit man sie nur dortbehält.

Und ließ mein Werben sie noch kalt,
dann griff ich flugs zur Urgewalt:
Ich drehte als Verzweiflungstat
die ganze Welt um 90 Grad,

damit die Hilde freudig quiekt
und schon mal auf dem Rücken liegt.
Solch Kunststück tät ich nur für sie –
für Hilde! (oder für Marie...)

Gedächtnislücke

Frau Degenhardt ist außer sich,
sie buk grad einen Bienenstich
für Freundin Marianne.

Jetzt fehlt ein Stück. »Iff wa daff nifft«,
gelobt ihr Mann, auf den sie trifft –
und zwar mit einer Pfanne.

Lustgewandelt

Seit an Seit,
wir zu zweit.

Arm in Arm
wird uns warm.

Bauch auf Bauch
ginge auch.

Komische Tiere

Schicksalhafte Fügung

Vor ein paar Milliarden Jahren,
als wir alle jünger waren,
schlief in einer sternenklaren
Nacht ein Lurch.

Keiner ahnte – in der Szene
zogen in ihm ein paar Gene
ihre Umgestaltungspläne
knallhart durch.

Immer nur in Schlamm und Gräben,
das war nichts, es musste eben
noch ein bessres Leben geben
als ein solches.

So sind wir, in Teilaspekten,
nur die Folge von versteckten,
urzeitlichen Gendefekten
eines Molches.

Ornithographie

»Was sich die Menschheit so erlaubt,
wir werden sprachlich ausgeraubt...«,
beklagt die Drossel, »... und missbraucht.«
Sie steigert sich hinein und faucht:

»Man kiebitzt hier, man spechtet dort
und ›kauzig‹ ist kein Kosewort.
Was macht der Mensch? Er feiert schwer,
dann geiert, schließlich reihert er!«

»Ach Drossel, es ist längst zu spät.«
hat ihr der Rabe zugekräht.
»Als hätten wir's nicht längst geahnt,
seit Jahren schon hat mir geschwant,

dass uns der Mensch begrifflich glatt
getäuscht und übertölpelt hat.
Die Sprache ist ein Trauerfall,
gevögelt wird fast überall...«

Unhappy Hippo

›Gut drei Tonnen voll geballter
Sanftmut bis ins hohe Alter‹
kann man vielfach übers Wesen
eines Flusspferdbullen lesen.

Grund genug für Gottlieb Lange,
mit Gepäck und Selfiestange
aufzubrechen in Reviere
dieser Riesenschmusetiere.

Im Kollegenforscherkreise
führt die rückkehrlose Reise
zu Getuschel und Geraune:
Hatte Hippo schlechte Laune?

Unterschätztes Nutztier

Die Brombeerspinnerraupe ist,
wenn man das Tier am Flusspferd misst,
nicht nur viel leichter, sondern auch
behaarter, grad an Bein und Bauch –
was sich als vorteilhaft entpuppt,
wenn man mit ihr den Boden schrubbt.

Obwohl die Raupe sich durch Flucht
der konsequenten Bürstenzucht
entzieht – sie putzt und scheuert doch,
wenn man's vergliche, immer noch
viel besser mit des Eimers Guss
als jedes Hippopotamus.

Sprichwörtlich

Der Pinguinkaiser
erscheint nur im Frack.
Das trifft (und das weiß er)
den Weibchengeschmack.

Er läuft wie ein Zombie
und fliegt wie ein Stein.
Das ist, in der Kombi,
kaum Vogeldesign.

Sein Hauch aus dem Schnabel
riecht nicht grade frisch.
Wie heißt die Parabel?
Der Kopf stinkt vom Fisch!

Der Stier

Ich möcht gern wissen, was er denkt,
der Stier, wenn er die Hörner senkt –
er ist doch nicht verlegen?
Womöglich blinzelt ihm 'ne Kuh
mit schönen Augen grade zu.
Vielleicht ist es deswegen.

Warum er wohl so lautstark schnaubt,
am Boden scharrt, so dass es staubt –
was will er dort nur finden?
Er wirkt ein wenig angespannt.
Wieso kommt er jetzt angerannt?
Ich sollte schnell ver

Abgehetzt

Auf der Wüstentemposkala
stehen Gnu und auch Impala
nicht ganz unten, deshalb hat

auch der Löwe, der oft träge
von Natur aus lieber läge,
dieses Fastfoodleben satt.

Eitel Sonnenschein

Zur Frühjahrszeit begibt Herr Pfau
sich auf die Suche nach 'ner Frau.
Dann streift er rastlos durchs Revier
und macht auf großen Kavalier.

Mit übertriebner Eleganz
vollführt er seinen Werbetanz,
bei dem der Beau in voller Pracht
der Dame schöne Augen macht,

damit sie sich in ihn verliebt,
sobald er ihr den Radschlag gibt.
Ganz aufgeregt von Fleck zu Fleck
stolziert er rum – als Running Geck.

Nachrufe

† † † † † †

Hier ruht in Frieden Friedrich Feldt,
ein stadtbekannter Weiberheld.
Von hier aus schaut der alte Bock
noch immer unter jeden Rock.

† † † † † †

Hier liegt der Banker Henni Sträss,
samt Smartphone-Apps und GPS,
verdammt zu ew'gem Müßiggang –
im Erdreich fehlt ihm der Empfang.

† † † † † †

Hier ruht der Magier Wido Frei,
ein Mann vom Fach der Zauberei.
Nach Insolvenz liegt er im Sarg –
zumindest glaubt man das ganz stark.

† † † † † †

Hier liegt der junge Immo Bihl,
verhungert vorm Computerspiel
und hofft, dass er aus eigner Kraft
sich noch mal hochzuleveln schafft.

† † † † † †

✝ ✝ ✝ ✝ ✝ ✝

Hier ruht der Chefarzt André Strässen,
nicht nur vom Ehrgeiz ganz zerfressen.
Den Tod verhöhnte er als ›schmächtig‹,
die Niederlage wurmt ihn mächtig.

✝ ✝ ✝ ✝ ✝ ✝

Hier liegt die Putzfrau Rita Rei,
sie gab den Stein für Werbung frei.
Auch Zewa kaufte einen Fleck,
dort steht gut lesbar: ›Wisch und weg!‹

✝ ✝ ✝ ✝ ✝ ✝

Hier liegt Computeringenieur
Andreas Tschipp samt Zubehör,
nachdem er vor der Tastatur
in seinen Ruhemodus fuhr.

✝ ✝ ✝ ✝ ✝ ✝

Hier ruht der Makler Knut B. Tuucht,
er hat den Platz selbst ausgesucht.
Ein anderer kam nicht in Frage,
entscheidend war die ruhige Lage.

✝ ✝ ✝ ✝ ✝ ✝

Auf dem Index stehen

Danke!

meiner Familie für ihre Geduld während der Entstehungsphase dieses Buches, in der Kommunikationsversuche von mir nur sporadisch und nicht immer mit passenden Antworten belohnt wurden.